AF268363

UNE VILLE EMPOISONNÉE

Petite Étude de Mœurs

PAR

E DOUARD ALEXANDRE

PRIX : **15** CENTIMES

1880

—

HAVRE

IMPRIMERIE ALBERT MIGNOT, RUE DE L'HÔPITAL, 16.

UNE VILLE EMPOISONNÉE

PETITE ÉTUDE DE MŒURS

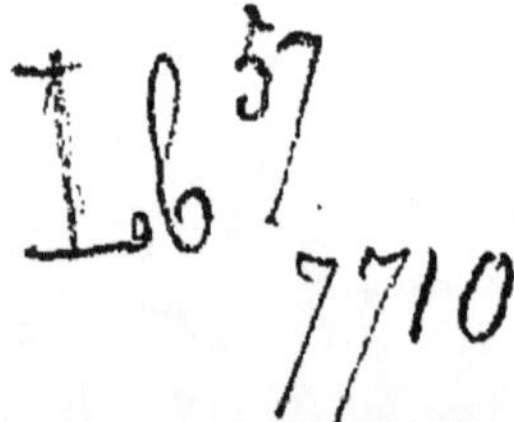

UNE VILLE EMPOISONNÉE

Petite Étude de Mœurs

Chaque matin, je contemple une grande ville étendue au pied du coteau que j'habite et je me dis : « Sur 92,000, ils sont là 60,000 au moins qui dorment empoisonnés ! »

Oui, à des degrés divers, tout centre populeux est aujourd'hui ravagé par un poison terrible dont la science médicale ne s'occupe point. La jeune fille au frais visage comme le vieux garçon au teint basané ; la grande dame et la cuisinière ; le négociant et le cireur de bottes, — tous, hélas, sont victimes de la mauvaise presse.

J'ai connu un fumeur qui disait : « La pipe empoisonne si lentement qu'on ne s'en aperçoit que lorsqu'on est mort. »

Il en est de même des journaux qui puent l'Athéisme et la Révolution.

Comme la nicotine, le journal athée tue sans que l'on s'en aperçoive. Le tabac désagrège les muqueuses; mais les muqueuses acceptent le tabac jusqu'à ce qu'elles soient irrémédiablement désagrégées. Avec un mauvais journal on ternit trois cent soixante-cinq petits morceaux de sa conscience par an.

Ah! si, d'un coup, le mauvais journal vous rendait sensuel, égoïste ou voleur, il y a longtemps que le noir d'imprimerie serait réglementé comme l'arsenic. Mais cela ne se passe point de cette façon. On s'empoisonne à petites doses. Puis, un beau jour, en se palpant la tête et le cœur, on s'aperçoit qu'on n'est plus le même. Le Mal n'inspire plus qu'un dégoût relatif. A la flamme généreuse du Bien a succédé je ne sais quelle flammèche indécise qui devient le pâle soleil de la conscience aplatie. Et l'on se taille des vertus en caoutchouc dans les rognures des grands devoirs oubliés. La France, qui a supporté Waterloo et Sedan, pourrait bien mourir de cette maladie.

Que de braves gens s'abonnent à l'organe radical pour lire, non pas la politique des radicaux, mais le récit des bras cassés et des chutes à l'eau du jour!

Quant à la politique de cette feuille-là, fi donc, ils en ont horreur. Toutefois, ils donnent religieusement leurs trois sous tous les jours à ladite feuille. Et avec les trois sous de ses adversaires, l'organe radical met quotidiennement un prêtre à la sauce rouge pour l'alimentation démocratique de ses amis.

Quant aux journaux honnêtes, on les laisse mourir de faim. C'est la mode. Les journalistes qui ont des convictions devront sous peu demander au docteur Tanner le secret de vivre sans manger, car c'est aux sauteurs de la presse que les honnêtes gens portent généralement leurs annonces et leurs écus.

Chez le Bourgeois

Voici une petite scène quotidienne qui a lieu dans les meilleures familles du Havre et de partout :

Le Mari. — Qu'est-ce qu'il chante donc, le *Lampion rouge?* Il dit que la République c'est la Liberté. Il bat des mains parce que l'on expulse les Religieux pour ouvrir la porte aux Communards. Ça, la République; mais c'est l'Anarchie et la Révolution !

La Femme. — Tu m'as pourtant refusé une

robe, afin de porter ton abonnement de six mois à cette presse menteuse.

LE MARI. — On m'avait assuré que les gros barons du commerce de la ville avaient des actions dans ce journal.

LA FEMME. — Tes gros barons du commerce, on mettrait la peste en actions, ils en prendraient.

LE MARI. — Après tout... avec des précautions on résiste à cette littérature nauséabonde.

LA FEMME. — Et notre petit Adolphe, qui n'est déjà pas trop commode, si tu laisses traîner ton journal sur la table, il te parlera sous peu de ses droits à la pipe, au café-chantant et au caboulot, lorsque tu lui rappelleras ses devoirs d'enfant pieux et soumis.

LE MARI. — Je ferai attention à notre Adolphe, et je te jure, ma bonne amie, qu'il ne lira, dans le *Lampion rouge*, que la colonne des accidents maritimes, la *partie littéraire* la plus saine de ce journal.

LA FEMME. — Et tu crois qu'Adolphe respectera tes ordres, lui qui me blâme déjà d'aller à la messe avec un livre sous le bras, parce qu'il dit que ça a l'air bigot et que les grands du Lycée se moquent de moi.

Le Mari. — Allons, chère femme, pas d'exagération. Laisse-moi jeter un coup d'œil sur la fête du 14 juillet. Je t'assure que tu auras ta robe neuve.

La Femme. — Ma robe,.... belle affaire; mais le cœur de notre Adolphe !

Six mois après.

Le Mari. — C'est égal, la *Marseillaise* c'est tout de même très-beau. Ça m'entraîne. Il est regrettable que la Religion fourre son nez dans la Politique.

La Femme. — Il me semble que la Politique — sous le régime républicain — s'occupe de la Religion plus souvent qu'à son tour.

Le Mari. — Possible. Mais le gouvernement est le gouvernement, et si les curés restaient dans leurs églises.

La Femme. — On ne les voit pas ailleurs.

Le Mari. — Et ceux qui font l'école...

La Femme. — Enseigner aux enfants la route de l'Eglise et celle de la science, c'est leur faire connaître celle de tou   evoirs affermissant tous les droits.   éreras-tu a prêtre maître d'école ces pions a ques qui sorte t de la brasserie pour préparer les enfants à la première communion ?

LE MARI. — Je sais ce que je dis.

LA FEMME. — Et moi je sais ce que je souffre, comme épouse et comme mère, depuis que tu lis le *Grand Lampion*. Toi, homme de bon sens naguère, sous prétexte de République, tu acceptes aujourd'hui les théories les plus idiotes et les les fables les plus absurdes. Jamais tu ne trouves le moyen de m'accompagner à l'Eglise. Oh ! le bon temps où le simple prône de notre vieux curé guidait ta vie. Crois-moi, renonce à ce *Lampion*. Embrassons-nous et que la paix soit faite dans notre maison expurgée des immondices de la presse rouge. Je sais bien que tu crois en Dieu, moi qui connais ton cœur !

. . . .

J'ignore si, frappé par l'évidence, mon bourgeois s'est rendu à toutes les excellentes raisons de sa bourgeoise.

Ce que je sais, c'est que, à l'heure présente, des milliers de bourgeois et de bourgeoises sont empoisonnés par des *Lampions rouges* de toute forme et de tout acabit.

Si j'étais riche, je fonderais, au Havre, un

petit journal, vif d'allures, mouvementé et chrétien des pieds à la tête, afin d'empêcher les bourgeois et les bourgeoises de mon pays de s'empoisonner, pour trois sous, à la bouteille d'encre des *Lampions rouges* du crû. Il me faudrait une somme assez ronde pour me mettre en campagne. Si j'osais la demander à mes concitoyens de bon vouloir?.... En attendant, j'ai fondé ici l'*Œuvre de la Bonne Presse*, une toute petite chose dont, sans vanité, je puis vous entretenir quelques instants.

Voici les résultats de mon œuvre dont M. Auxcousteaux, du Havre, par un essai analogue, avait déjà préparé les moyens et voies d'exécution en 1877 :

Chaque jour, je fais lire, au Havre, un certain nombre de publications catholiques, journaux et brochures à bon marché. En outre, je publie trois ou quatre brochures à bon marché.

En 1879 et 1880, de libérales adhésions m'ont permis de faire distribuer un millier de brochures gratuitement. Tous frais payés, je ne... fume pas des « cigares exquis. » Heureusement que j'aime la pipe.

Par ci, par là, lorsque ma frêle embarcation menace de sombrer, quelques généreux souscripteurs m'envoient une pièce de 20 ou 30 francs.

Si j'avais deux cents souscripteurs à 5 francs par mois, les *Lampions rouges* du Havre commenceraient à pâlir; si j'en avais deux mille, ils seraient tous éteints avant les élections.

Tant que les Conservateurs ne sauront pas faire de sacrifices pour défendre la liberté et la foi religieuse, la France penchera vers l'abîme.

De province en province, ne pourrait-on pas imiter le mouvement de propagande que je propose?

Honnêtes gens, vous n'avez qu'une chose à faire : remplir le petit bulletin d'adhésion que voici :

Je m'engage à verser chaque mois cinq francs *à l'*Œuvre de la Bonne Presse, *dirigée, au Havre, par* M. Edouard ALEXANDRE, *97, rue de Montivilliers, et ayant pour but de répandre toutes les publications conservatrices et chrétiennes.*

Si votre pièce de cent sous ne régénère pas

le monde, qui sait ? Dieu permettra peut-être qu'elle contribue à éclairer quelques âmes.

Semons toujours, les épis lèveront à l'heure voulue.

A l'œuvre, et gloire à Dieu !

Les honnêtes gens disent : « *La Mauvaise Presse nous tue.* »

Pourquoi les honnêtes gens n'ajoutent-ils pas : « *Tuons la Mauvaise Presse.* »

Il y a bien quelques timides efforts ; mais de plan de bataille et de guerre à outrance, point.

La mauvaise presse ronge tout, et on laisse tout ronger par la mauvaise presse.

Ces jours-ci, au Congrès de Grenoble, cette question de la presse a été fortement agitée. Un des membres a émis des vœux en faveur de la fondation d'une vaste société de propagande dont le but serait de faire lire gratuitement les bons journaux dans les ateliers et dans tous les milieux où, seule, la mauvaise presse a pénétré jusqu'à présent.

Au Congrès catholique de Lille, l'année dernière, j'avais personnellement fait présenter une étude sur l'organisation de la bonne presse. Entr'autres moyens de propagande, je proposais l'organisation, dans toutes les grandes villes, de kiosques-dépôts exclusivement réservés aux publications honnêtes. Une salle de lecture aurait formé annexe à ces kiosques-dépôts. Des distributions gratuites de bons journaux auraient complété cette œuvre de propagande.

Je ne donne pas mon idée comme excellente ; mais enfin, mon idée, si elle ne vaut rien, peut faire place à une idée meilleure.

Quoi qu'il en soit, il faut faire quelque chose.

Puisse cette petite brochure aller dire à tous, du salon à la mansarde, que l'heure de la lutte a sonné.

MON *Œuvre de la Bonne Presse,* qui n'est rien, voudrait bien devenir VOTRE Œuvre, chers lecteurs, et, assurément, ce jour-là, elle serait quelque chose.

Edouard ALEXANDRE.

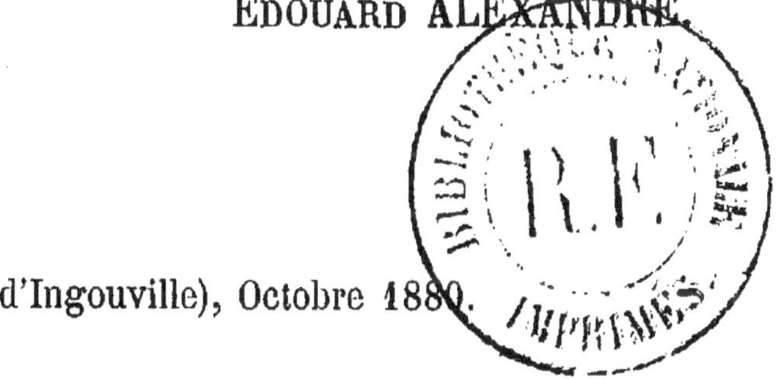

Havre (Côte d'Ingouville), Octobre 1880.

Havre. — Imprimerie A. Mignot, rue de l'Hôpital, 16.

ŒUVRE DE LA BONNE PRESSE

DIRECTEUR : EDOUARD ALEXANDRE

97, rue de Montivilliers — HAVRE

Service au mois, par porteurs, des Journaux suivants :

La *France Nouvelle*, l'*Ouvrier*, la *Veillée des Chaumières*, l'*Illustration pour tous*, la *France Illustrée*, de l'abbé ROUSSEL (OEuvre de l'Orphelinat d'Auteuil), le *Causeur Normand*, les *Villes et Campagnes*, la *Comédie politique*, de Lyon. — Tracts, Brochures et Almanachs.